AF360242

ARCHITECTURE HARMONIQUE,

OU

APPLICATION DE LA DOCTRINE

des Proportions de la Musique

à l'Architecture.

A PARIS,

Chez ROBERT JEAN BAPTISTE DE
LA CAILLE, ruë Saint Jacques,
aux trois Cailles.

M. DC. LXXIX.

AVEC PRIVILEGE DU ROY.

A

MONSEIGNEVR

COLBERT.

ONSEIGNEVR,

Les soins que vous prenez pour l'acroißement des Sciences & pour la perfection des Arts, vous donnent droit sur toutes les découvertes qui s'y font : & ceux qui s'appliquent à la recherche de ces découvertes, trouvent leur avantage dans l'obligation de Vous les consacrer ; puisque sans voſtre Protection toutes leurs Inventions sont en danger d'eſtre méprisées, ou tout-à-fait

négligées. Celles qui regardent l'Architecture
vous appartiennent à double titre, & par l'é-
lévation où vous l'avez portée dans le temps de
voſtre Surintendance, & par le digne choix que
ſa Majeſté a fait d'un Succeſſeur en voſtre Fa-
mille, qui en continuant vos deſſeins, remplira
pleinement voſtre attente, & paſſera meſme
vos deſirs. Ainſi de quelque maniere que je
conſidere, MONSEIGNEVR, le Preſent
que je vous fais, il eſt à Vous de droit, & par
mon propre intereſt, & par celuy de l'Art meſme, à qui il donne des regles qu'il n'avoit pas.
Quoyqu'il ſoit plutoſt le Rétabliſſement d'une
ancienne Doctrine que l'Invention d'une nouvelle, je ne crains point de dire, qu'il eſt préfé-
rable à beaucoup d'autres Inventions, & que
quand ſa Maieſté a propoſe un Prix pour celuy
qui inventeroit un nouvel Ordre d'Architecture,
Elle demãdoit moins que ce que j'apporte auiour-
d'huy pour perfectionner ce bel Art; puiſque ſans
la Doctrine des Proportions Harmoniques tous
les Ordres d'Architecture ne ſont que des amas
confus de pierres ſans ordre & ſans regle. Les
Anciens la poſſedoient & ne travailloient que
ſur ſes Principes, comme je le fais voir par les
meſures du Temple de Salomon, qui eſt le ſeul
Edifice de l'Antiquité dont nous ayons l'entiere
deſcription. Les Grecs l'ont cultivée: Les Romains l'ont cherchée: Les Modernes en par-

lent ſans la mettre en pratique, & il n'y a plus
que le hazard qui la faſſe rencontrer dans les
Bâtimens publics. Platon qui diſoit que ſa Re-
publique finiroit quand la Muſique ſeroit né-
gligée, pouvoit bien aſſurer comme il faiſ oit
que tous les Arts periroient, quand on ignore-
roit cette Science qui met l'ordre & l'harmonie par tout. Vous, MONSEIGNEVR,
qui parmi vos grandes occupations ne laiſſez
pas d'appliquer vos ſoins au rétabliſſement des
Arts & des Sciences, & qui voulez par l'autorité de Pere, que Monſieur le Surintendant des Bâtimens de ſa Majeſté, ſçache tout
ce qu'il doit ſçavoir pour exercer dignement ſa
Charge, Vous ne ſoufrirez pas que cette Science que je vous preſente, demeure plus long
temps enſevelie, ou que mon peu de conſidera-
tion la faſſe mépriſer par ceux qui la pouvoient
découvrir, s'ils l'avoient cherchée dans les ſour-
ces où je l'ay puiſee. Du moins auray-je la ſa-
tisfaction d'avoir indiqué à ceux qui viendront
apres nous, les moyens de remettrc en ſa per-
fectiou le plus neceſſaire de tous les Arts, &
d'avoir marqué à la Poſterité, en vous dédiant
ce petit Ouvrage, la paſſion que i'ay euë de luy
eſtre utile, & ma reconnoiſſance pour l'honneur
que vous m'avez bien voulu faire d'aprouver le
Deſſein de mon Ouvrage de Muſique, & de
m'exhorter à le donner bien-toſt au Public.

*C'est par là que i'espere faire mieux connoistre
combien ie suis,*

MONSEIGNEVR,

Voftre très-humble, & tres-obeïssant
Serviteur, R. OUVRARD.

ARCHITECTURE
HARMONIQUE,
O U
APPLICATION DE LA DOCTRINE
des Proportions de la Musique
à l'Architecture.

L n'y a point de precepte plus commun dans tous les Arts, que celuy qui recommande la Proportion, Symmetrie, convenance ou rapport, que les differentes parties d'un même Corps doivent avoir ensemble, mais principalement dans l'Architecture. Les Maîtres de cét Art n'ont pas manqué de mettre ce precepte au rang de leurs principales Regles, comme a fait Vitruve dés l'entrée de son premier Livre, Chapitre 2. & du 3. Livre, Chap. 1.

Neantmoins, quoy qu'ils ayent dit qu'il falloit imiter la Nature dans les Proportions qu'elle avoit si exactement observées dans la fabrique du Corps humain, ils semblent ne les avoir regardées dans la pratique, que comme arbitraires & dépendantes de la seule volonté de l'ouvrier, & nullement des principes de l'Art. En effet quand ils en ont voulu faire l'application, ils ont pris d'autres mesures, & n'ont eu aucun égard à l'harmonie des Proportions.

Nous pretendons au contraire qu'il y a une telle analogie

entre les Proportions de la Muſique & celles de l'Architecture, que ce qui choque l'oreille en celle-là, bleſſe la veuë en
celle-cy, & qu'un Bâtiment ne peut être parfait s'il n'eſt dans
les mêmes Regles que celles de la Compoſition ou mêlange
des accords de la Muſique.

Pour bien entendre cette pretention, il faut ſuppoſer icy
la Doctrine des Proportions, établie dans le Livre intitulé
l'Art & la Science des Nombres, principalement dans le ſixié-
me Livre de *l'Arithmetique Harmonique*, dont nous allons
rapporter les fondemens, en faveur de ceux qui n'ont point
étudié cette matiere, ou de ceux qui n'y ayant point fait de
reflexion, pourroient prendre nôtre penſée pour une pure
imagination. C'eſt à ſçavoir que toutes les Harmonies ou Conſonances poſſibles ſont renfermées dans les ſix premiers nombres, pris ſelon leur valeur de proportion, & dans les multiples de ces ſix premiers, dont on a montré les rapports
dans le 14. Chapitre de ce VI. Livre, & fait voir que dans
les onze nombres ſuivans, il y avoit 55 harmonies ou conſonances, en les comparant les uns aux autres,

1, 2, 3, 4, 5, 6, 8, 10, 12, 16, 20.

C'eſt à dire que ces nombres ou ſons êtant entendus enſemble, font une harmonie agreable, compoſée de 55 accords
de Muſique, quoy qu'il n'y ait qu'onze ſons ou voix.

Et comme ceux qui n'ont pas oüy parler du rapport des
proportions des nombres avec les ſons de la Muſique, au-
roient de la peine à entendre ce que veut dire, par exemple, que l'octave eſt en proportion d'1 à 2, la quinte en proportion de 2 à 3 &c. Nous leur diſons icy en peu de mots,
que ces proportions ont eſté renduës ſenſibles ſur l'inſtru-
ment appellé Monochorde, où l'on voit que la corde étant
racourcie de ſa moitié fait entendre à l'oreille un ſon, à l'o-
ctave de celuy qu'elle rendoit dans toute ſa longeur; ou
que mettant une partie de la même corde contre deux autres parties, elle fait l'octave: que les deux parties de la même corde, contre trois de ſes parties font la quinte: &
qu'ainſi on a raiſon de dire, que la proportion de l'octave eſt
d'1 à 2, celle de la quinte de 2 à 3. De même pour avoir la
proportion de la quarte, il faut partager la corde en ſept parties égales, en mettre trois d'un côté & quatre de l'autre;
& les trois parties contre les quatre feront entendre la quarte,

parceque fa proportion eft de 3 à 4. Et fi l'on veut avoir la tierce majeure dont la proportion eft de 4 à 5, il faut partager la corde en 9 parties égales, & en mettre quatre d'un cofté & cinq de l'autre: & l'on aura auffi la tierce mineure dont la proportion eft de 5 à 6, en partageant la corde en onze parties égales, & en mettant 5 d'un cofté & 6 de l'autre. Ainfi de tous les autres intervalles. Ceux qui n'ont pas de Monochorde pour en faire l'épreuve, fe doivent contenter de fçavoir que cette fcience eft certaine & infaillible : & les Architectes qui ne fçauroient pas la doctrine des Proportions, en fçauront affez pour la mettre en ufage, quand ils auront appris qu'ils ne doivent point employer d'autres mefures, qui ayent du rapport les unes aux autres, que celles qui fuivent, ou qui s'y peuvent reduire, comme nous dirons en la page 11. Voicy donc les rapports des onze nombres precedens.

D'1 à 2, l'octave. 2 à 3, la quinte. 3 à 4, la quarte. 4 à 5, la tierce majeure. 5 à 6, la tierce mineure. 6 à 8, la quarte. 8 à 10, la tierce majeure, 10 à 12, la tierce mineure. 12 à 16, la quarte. 16 à 20, la tierce majeure.

D'1 à 3, la douziéme ou double quinte. d'1 à 4, la quinziéme ou double octave. d'1 à 5, la 17. majeure. d'1 à 6, la dix-neuviéme ou triple quinte. d'1 à 8, la vingt-deuxiéme ou triple octave. d'1 à 10, la vingt-quatriéme maj. d'1 à 12, la vingt-fixiéme ou quadruple quinte. d'1 à 16, la vingt-neuf-viéme ou quadruple octave. d'1 à 20, la trente-uniéme majeure ou tierce au deffus de la quadruple octave.

De 2 à 4, l'octave. de 2 à 5, la dixiéme majeure. de 2 à 6, la douziéme. de 2 à 8, la quinziéme. de 2 à 10, la dix-fep-tiéme majeure. de 2 à 12, la dix-neuviéme. de 2 à 16, la vingt-deuxiéme. de 2 à 20, la vingt-quatriéme majeure.

De 3 à 5, la fixiéme majeure. de 3 à 6, l'octave. de 3 à 8, l'onziéme. de 3 à 10, la treiffiéme majeure. de 3 à 12, la quinziéme. de 3 à 16, la dix-huictiéme. de 3 à 20, la vingtiéme majeure.

De 4 à 6, la quinte. de 4 à 8, l'octave. de 4 à 10, la dixiéme majeure. de 4 à 12, la douziéme. de 4 à 16, la quinziéme. de 4 à 20, la dix-feptiéme majeure.

De 5 à 8, la fixte mineure. de 5 à 10, l'octave. de 5 à 12, la dixiéme mineure. de 5 à 16, la treziéme mineure. de 5 à 20, la quinziéme.

De 6 à 8, la quarte. de 6 à 10, la sixte majeure. de 6 à 12, l'oct. de 6 à 16, l'onzième. de 6 à 20, la treziéme majeure.

De 8 à 10, la tierce majeure. de 8 à 12, la quinte. de 8 à 16, l'octave. de 8 à 20, la dixième majeure.

De 10 à 12, la tierce mineure. de 10 à 16, la sixte mineure. de 10 à 20, l'octave.

De 12 à 16, la quarte. de 12 à 20, la sixte majeure.

De 16 à 20, la tierce majeure.

Et si l'on veut continuer à l'infiny les multiples doubles de ces premiers, on aura toutes les Consonances possibles.

Ces Proportions se notent ainsi en Musique, & étant chantées ensemble, ou joüées sur un Instrument, on entendra 55 harmonies tout à la fois.

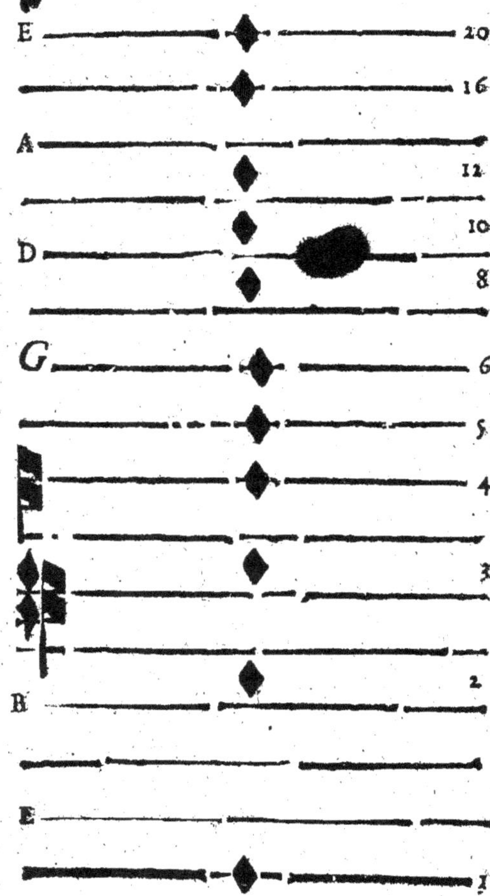

Et comme dans la Muſique tous les ſons qui ne ſont pas dans ces proportions, ou qui n'ont pas ces rapports, ſont deſagreables à l'oreille & l'offenſent, nous pretendons auſſi que dans l'Architecture toutes les dimenſions, ou meſures qui ne ſeront pas dans ces proportions, ou qui n'auront pas ces convenances, choqueront la veuë, & ne feront aucun agréement. Ce qu'il y a de difference, c'eſt que les proportions de la Muſique conſiſtent tellement dans un point indiviſible, que ſur le Monochorde l'épaiſſeur d'un cheveu qui manqueroit à la juſteſſe du ſon harmonieux ſe fait ſentir; au lieu que la veuë n'eſt pas ſi ſubtile pour appercevoir les petits defauts des proportions; & que l'accoûtumance d'en voir peu de regulieres, rend ſupportables celles qui ne le ſont pas.

Pour faire la comparaiſon entiere du ſentiment de ces deux ſens en cette matiere, il faut ſçavoir que comme dans la Muſique il n'y a que les ſons qui frapent enſemble, ou qu'on entend dans le même moment, qui doivent s'accorder & faire harmonie les uns avec les autres, & non pas avec ceux qui ſe ſuccedent, ou qui ne s'entendent pas à même temps: de même dans l'Architecture il n'y a que ce qui ſe preſente à la veuë dans le même temps qui doive avoir ces proportions: par exemple, les croiſées, ou feneſtres de la face d'un baſtiment; la hauteur, & la largeur de la même face, ou du moins de chaque étage.

Toutefois, comme la veuë embraſſe beaucoup plus de choſes à même temps que ne peut faire l'oüie, & qu'elle peut appercevoir tout d'un coup toutes les parties d'une même face de baſtiment; ſi toutes ces parties pouvoient enſemble avoir leurs proportions dans les rapports que nous avons dit faire harmonie, la beauté en ſeroit charmante & ſe feroit ſentir.

Quoy qu'il en ſoit, il eſt neceſſaire que la hauteur & la largeur d'une même partie ait ſa proportion harmonique; c'eſt à dire l'une de celles que nous avons rapportées cy-deſſus: Et ſi, comme nous venons de dire, toutes les parties qui ſe preſentent enſemble à la veuë peuvent avoir des proportions conſonantes, quoy qu'il n'y ait point d'autre ornement, la veuë ſentira des charmes qui pourront même eſtre repreſentez à l'oüie, comme nous l'allons voir dans l'exemple d'un baſtiment élevé ſur une Arcade avec toutes ces proportions harmoniques.

PREMIER EXEMPLE.

La face du baſtiment, depuis le pied de l'Arcade juſques en haut, a 32 pieds de hauteur, & 24 de large; ainſi ſa hauteur avec ſa largeur eſt de 3 à 4.

L'Arcade a 10 pieds de haut, & 8 de large, ſa proportion eſt donc de 5 à 4.

L'étage eſt de 16 pieds de haut, & de 24 de large, en proportion de 2 à 3.

Il y a une croiſée au milieu, & deux demy-croiſées aux extremitez. La croiſée entiere a 12 pieds de haut, & 6 de large, en proportion de 2 à 1.

Les deux demy-croiſées ont chacune 12 pieds de haut, & 3 de large, en proportion d'1 à 4. & avec la hauteur en proportion d'1 à 1. & avec la largeur de la croiſée d'1 à 2.

Aux extremitez des deux demy-croiſées, 2 pieds: Entre les croiſées, 4 pieds de chaque coſté, en proportion de 2 à 1.

Ce baſtiment a donc ces harmonies, 2, 3, 4, 6, 8, 10, 12, 16, 24, 32, qui feroient en Muſique ces accords, *Vt*, *Sol*, *Vt 2*, *Sol 2*, *Vt, 3 Mi 3*, *Sol 3*, *Vt 4*, *Sol 4*, *Vt 5*: Ou plûtoſt, comme les plus grandes longueurs des tuyaux ou des cordes font les ſons les plus bas, en retranchant le nombre 32. on aura dans cét ordre ces proportions, 24, 16, 12, 10, 8, 6, 4, 3, 2, qui feront en Muſique ces ſons, *Ré*, *La*, *Ré 2*, *Fa 2*, *La 2*, *Ré 3*, *La 3*, *Ré 4*, *La 4*.

Et pour les faire entendre à l'oüye, comme on les repreſente à la veuë, on pourroit creuſer le bois des croiſées en façon de tuyaux d'Orgue, & mettre aux extremitez des eſpeces de goutieres ouvertes ſuivant ces proportions par un ordre renverſé, en mettant l'*Vt* au 32 pieds, & les autres accords à proportion: Et comme cette Maiſon eſt expoſée au grand air, on ne manqueroit pas d'entendre ces harmonies, quand le vent ſouffleroit dans ces tuyaux, où eſtant receu dans un portevent ſemblable à celuy des Orgues, & porté aux bras ou maineaux des croiſées. Comme il faudroit

trop de vent pour un tuyau de 32 pieds, & même de 16. il
suffira d'en fournir les tuyaux de 12, de 8, de 6. de 4, de 3
pieds, de 28 poulces & quatre cinquiémes de poulces, & de
2 pieds. Ce qui fera ces harmonies, *Vt, Sol, Vt* 2, *Sol* 2, *Vt* 3,
Mi 3, *Sol* 3. Cette harmonie est plus agreable que la preceden-
te à cause de la Tierce Majeure qui est à celle-cy, *Vt* , *Mi* ,
Sol ; au lieu de la Mineure qui est en celle-là, *Re, Fa, La.*

Quand nous avons dit que l'harmonie consistoit dans le
rapport des six premiers nombres, & de leurs multiples doubles, il le faut entendre aussi des autres nombres qui y peuvent estre rappellez par reduction. Par exemple, 9, 18, 27,
36, 45, 54, 72, qui ne se rencontrent point dans la compo-
sition des six premiers, sont neanmoins la mesme chose par
reduction qu'1, 2, 3, 4, 5, 6, 8, par leur commune mesure
qui est 9. Ainsi un Ouvrage , tel qu'est la nouvelle Porte de
Ville ruë saint Martin, qui a 54 pieds de face, avec une ouverture de 18 pieds de largeur, accompagnée de deux autres de 9 pieds, a ces proportions, 1 & 1, qui est l'Unisson
en Musique, 1 & 2, qui fait l'Octave, 2 & 6, ou par reduction, 1 & 3, qui fait la douziéme ou double quinte.

Mais il y a un secret en Musique expliqué dans l'11. Chap.
du 6. Livre de l'Art & Science des Nombres qui fait un mer-
veilleux effet dans l'Architecture. C'est qu'encore qu'il y ait
proportion harmonique entre des Nombres, ou Sons, neanmoins il faut que ces Sons puissent estre entonnez par une
seule voix, sans faire des intervalles trop éloignez. Or la
voix ne peut jamais faire un intervalle plus grand que celuy
de l'Octave: Et la nature des Nombres a découvert ce secret sur ce principe, qu'il n'y avoit aucun intervalle qui pût
estre entonné que ceux qui se rencontreroient dans les Nombres contigus, & non interrompus; & que le moyen de
mettre en chant les Nombres interrompus, estoit de placer
les Nombres harmoniques qui se trouvoient entre deux.
Par exemple, 1 & 3, qui font en Musique la douziéme ou
double quinte, qui est un intervalle qui ne peut estre entonné par une voix, à cause du trop grand éloignement
qui passe l'intervalle de l'Octave, bien qu'il soit harmonique comme nous l'avons veu, se pourra entonner en mettant le nombre d'entre deux, 1, 2, 3, qui fait en Musique,

l'Octave d'1 à 2, & la quinte de 2 à 3. Ainfi dans l'Architecture la diftance de 18 à 54, qui fait l'intervalle en Mufique de la douziéme en proportion d'1 à 3, a befoin d'une mefure moyenne entre deux qui fera 36, pour faire à la veuë une diftance agreable & dont la proportion ne foit pas trop éloignée : Et fi l'on veut faire fur ce fondement un Arc de Triomphe, ou même une Porte de Ville qui ait toutes fes harmonies, on y fera rencontrer ces proportions, 9, 18, 27, 36, 45, 54, c'eft à dire 1, 2, 3, 4, 5, 6, qui font en Mufique tout ce qu'il y a d'harmonie, Vt, $Vt\,2$, $Sol\,2$, $Vt\,3$, $Mi\,3$, $Sol\,3$: Et fi l'on a befoin de plus grandes mefures, on ira jufques à 72, en paffant 63, qui eft un intervalle difcordant.

Les Anciens fuivoient affeurément ces Regles en leurs Edifices.

SECOND EXEMPLE.

Ainfi le Temple de Salomon fut bafty harmoniquement. Il avoit, dit l'Ecriture Sainte, foixante coudées de long, vingt de large, & trente de haut ; & cela faifoit en Mufique, l'Octave, & la Quinte pardeffus l'Octave, en ces nombres 1, 2, 3. Jofephe dit qu'il avoit 60 coudées de haut, & qué fur ce premier édifice du Temple il y en avoit un autre de pareille mefure, en forte que toute la hauteur eftoit de 120 coudées. Or comme chaque coudée vaut un pied & demy, les 120 coudées valent 180 pieds ou 30 thoifes, qui eft la hauteur des tours de Nôtre Dame de Paris. Le Portique qui eftoit devant le Temple, faifoit encore harmonie avec les mefures du Temple, puis qu'il avoit vingt coudées de long, dix de large & fix vingt de haut ; ce qui faifoit l'uniffon d'un cofté de 20 à 20, l'octave de l'autre de 10 à 20. la douziéme de 10 à 30. la quinte de 20 à 30. la douziéme de 20 à 60. & la dix-neufiéme, ou quinte pardeffus la quinziéme ou double octave, de 10 à 60. l'Octave de 60 à 120. la quinziéme ou double octave, de 30 à 120. la dix-neufiéme, de 20 à 120. la vingt-fixiéme, ou quinte pardeffus la troifiéme octave de 10 à 120. L'Oracle auffi eftoit dans les mêmes proportions ; & les Cherubins en leur hauteur, de 10 coudées, & dans l'étenduë de leurs aifles, de 5 coudées, faifoient de nouvelles har-

monies

monies avec les premieres, l'octave de 5 à 10 ; la quinziéme
de 5 à 20 ; la dix-neufiéme de 5 à 30 ; la vingt-fixiéme de
5 à 60 ; la trente-troisiéme, ou quinte pardeffus la quatriéme octave de 5 à 120. Le grand Autel d'airain avoit auffi fes
proportions harmoniques, de 20 coudées de long, autant de
large, & dix de haut. Le grand Baffin rond, appellé la
Mer, avoit trente coudées de tour, dix de diametre, &
cinq de profondeur. De forte que l'Autel, & le Baffin eftant
d'airain, & ayant ces proportions pouvoient refonner harmoniquement. Et comme ces proportions étoient d'accord
avec celles du Temple, & du Sanctuaire, & que Salomon
étoit trop fçavant en Mufique pour n'avoir pas mis les Trom-
pettes des Preftres, & les divers Inftrumens des Levites fur
le même ton du Baftiment, de l'Autel, & du Baffin ; non
feulement on entendoit une harmonie parfaite par cette réfonnance, mais tout l'Edifice étoit ébranlé & faifoit un
bourdonnement & fremiffement agreable, tel que celuy qu'on
entend dans les voûtes des degrez, lors qu'on fçait prendre
leur ton. Nous voyons un exemple fenfible de ce pouvoir de
réfonnance fur les pierres mêmes, dans un pilier en arcade de
l'Eglife de Tours, qui tremble à veuë d'œil, & fe remuë
dans l'efpace de plus de demy-pied, au fon d'une certaine
cloche, & demeure immobile au fon de toutes les autres,
quoy que plus proches de luy, & plus groffes que celle qui
le fait trembler. Ce qui fait voir que non feulement tout
un baftiment eftant proportionné, mais chaque partie fepa-
rément, a fon ton particulier preft à répondre aux voix, ou inftrumens qui feront dans la même proportion.

Sur le Modele de ces Proportions harmoniques, on peut
examiner les anciens & nouveaux baftimens, Eglifes, Cha-
pelles, Arcs de Triomphe, Portaux, Portes, Croisées &
Feneftres, & l'on verra que ceux qui ne font pas dans ces
regles choquent la veuë, les uns plus fenfiblement, les autres
moins ; & qu'au contraire, ceux en qui par hazard fe ren-
contreront ces proportions, ont des beautez qu'on fent en
les regardant. Je dis par hazard, car nous fçavons que la plûpart des Architectes ne fe determinent à telle ou telle hauteur
ou largeur, que parce-qu'ils ont pris leur modele fur d'autres

D

Baftimens qu'ils ont crû bien reguliers ; ou parce que l'espace du lieu les y a determinez, ou mefme la fantaifie.

Neanmoins fa Majefté faifant refleurir les Arts en fon Royaume, & fur tout l'Architecture, fous la Direction du plus éclairé Surintendant de fes Baftimens qui ait jamais occupé cette Charge, il y a lieu d'efperer, qu'au lieu qu'on n'avoit point de regle fixe & certaine, faute de cette Doctrine des Proportions, on travaillera deformais fur des principes inébranlables. On remetra fur pied l'ancienne Architecture des Grecs, dont nous n'avons que les noms des Ordres, & dont les proportions fe font perduës par l'ignorance de la Mufique, que Vitruve jugeoit abfolument neceffaire à l'Architecte.

Quoyqu'on ait preparé pour le Public un Traité des Proportions, où cette matiere fera amplement expliquée: Cét Effay pourra fuffire pour exciter la curiofité des Sçavans, & les porter à regarder cette Doctrine des Proportions Harmoniques comme l'Ame de tous les Ordres d'Architecture,

ADDITION

à l'Architecture Harmonique.

JE croyois m'estre assez bien expliqué dans l'Ecrit précedent sur le mariage de la Musique avec l'Architecture, en sorte que personne ne pourroit plus douter, que nostre Ame qui est aussi-bien harmonique dans ses yeux que dans ses oreilles, seroit satisfaite dans sa veuë par les mêmes harmonies qui contentent son oüye. Je craignois même qu'on ne m'accusast de m'estre trop defié de l'intelligence de mes Lecteurs, parce que je m'estois beaucoup étendu sur le rapport des Proportions des Nombres avec les Sons de la Musique, & que je devois supposer que tous les Sçavans à qui je parlois, connoissoient aussi-bien que moy ces rapports, & sçavoient assez d'Arithmetique, de Musique, & d'Architecture pour en pouvoir aisément & d'eux-mesmes faire l'application. Cependant il est arrivé que de tous ceux à qui j'en ay donné ou fait donner, & qui passent pour sçavans chacun en sa profession, les uns ont avoüé ne sçavoir ny Architecture, ny Musique, ny n'avoir jamais fait de reflexion sur le rapport des Nombres avec les Sons. D'autres qui sçavent l'Architecture & les Proportions, n'ont pas assez compris l'analogie des Sons avec les mesures de l'Architecture, parce que n'ayant point veu de Monochorde ils ont peine à concevoir que les Sons se mesurent par longueur. La plûpart des Architectes ont reconnu qu'il falloit observer quelques-unes de ces proportions dans les bâtimens; mais ils ne croyent pas qu'il soit possible de s'y assujettir pour toûjours, en sorte que tous les membres d'un bastiment ayent entr'eux ces Proportions, parce qu'il faut s'accommoder à la commodité des lieux, & rompre ainsi cette harmonie que cherche nostre Ame en tous ses sens. En effet, disent-ils, Vitruve, qui est devenu le grand Maistre de l'Architecture depuis que M. Perrault l'a fait parler françois

E

& rendu intelligible par ſes doctes Remarques, n'a jaꞏ
mais fait mention de ces Proportions Harmoniques, a
donné des meſures qui ſemblent contraires, & a poſé
pour principe, que pour s'accommoder aux lieux il falꞏ
loit changer les Proportions qu'il avoit preſcrites;
qu'ainſi les Proportions étant arbitraires, cette pretenduë
beauté qui reſulte du charme des Proportions Harmoniques, ne pouvoit eſtre qu'imaginaire. D'autres enfin
eſtant perſuadez de la verité de ma propoſition & de l'uꞏ
tilité qui en doit revenir au public, ont deſiré de moy
que j'en convainquiſſe les autres par l'autorité même de
Vitruve, que je leur aſſeurois avoir eſté dans les mêmes
ſentimens. C'eſt ce qui m'a obligé de faire cette Addi-
tion, pour faire voir, que ſoit que Vitruve eût puiſé la
Doctrine des Proportions qu'il a répanduë en ſes Livres,
ou dans les Ouvrages des Grecs, ou dans les Monumens
de l'Antiquité qui ſubſiſtoient encore de ſon temps; ſoit
que la Beauté qui a ſon fondement dans la Nature, ſe preſente d'elle-même & ſe faſſe ſentir à ceux qui ont le bon
gouſt ; ſoit qu'il eût aſſez de genie pour trouver luy-
même le Beau de ſon Art, ou que l'experience d'une
longue pratique le luy euſt fait rencontrer, toutes les Proportions qu'il a preſcrites , ſont toutes Harmoniques,
quoy qu'il ne leur ait pas donné ce nom , ou que peut-
eſtre il n'en ſçeuſt pas la qualité. Nous prenons icy ces
termes de Proportions Harmoniques pour des diſtances
ou intervalles qui eſtant reduites en Sons, font des harmonies ou Conſonances en Muſique. Nous allons donc
voir que Vitruve ayant propoſé pour modele des Propor-
portions qu'on doit obſerver dans les Bâtimens, les Proportions du Corps humain, qui ſont Harmoniques telles
qu'il les rapporte, il a enſuite marqué, conformément
à ce modele, toutes celles qu'il falloit obſerver en toutes
ſortes d'Edifices grands & petits, publics & particuliers.
A cét effet, nous avons fait des Extraits de toutes les
meſures qu'il a données dans ſes Livres, que nous mon-
trerons enſuite eſtre Harmoniques. Nous ne rapporteꞏ
rons pas celles des Colonnes, ny de leurs Piedeſtaux, ny
de leurs Ornemens, entablement, ou couronnement.
Nous conſiderons leur hauteur par l'étenduë depuis

leur Piedeftal, fi elles en ont, jufqu'à la Corniche : ou fi
l'on ne la veut prendre que jufqu'à leur Chapiteau, on
fera une autre grandeur de leur entablement qui eft compofé de l'Archittrave, de la Frife, & de la Corniche, qui
devra avoir fa mefure avec la Colonne entiere en Proportion Harmonique. Nous ne regarderons auffi les entrecolonnemens que comme nous ferions des croifées ou
feneftres, qui doivent de-même avoir leurs Proportions Harmoniques avec la hauteur des Colonnes.

En faifant voir ainfi que noftre doctrine eft la même
que celle de Vitruve, on jugera bien que nous quittons
volontiers la gloire de l'Invention, pour nous contenter
de celle du Rétabliffement d'une ancienne Doctrine, que
nous cederons encore de bon cœur à ceux qui la mettront
en pratique. Nous efperons que les Architectes, n'ayant
plus rien à defirer pour la perfection de leur Art, reconnoîtront pour l'utilité du public les avantages de cette
doctrine, qui leur donne des Regles fixes & certaines pour
les mefures de leurs Edifices, dont la place étant affi-
gnée, & l'Ordre determiné, la difpofition de chaque
membre fera facile; qui les delivrera de la contradiction
de leurs émules; qui les exemptera de la dépenfe des
Modeles, & fera que l'Architecture ne dépendra plus
du caprice ou de la jaloufie des Maiftres, qui ne font jamais convenus de la beauté d'un ouvrage où ils n'auront
point eû de part, faute de Regles pour en eftre con-
vaincus.

Nous efperons auffi que non feulement les Architectes,
les Peintres, & les Sculpteurs qui y ont intereft; mais tous
les Curieux fe rendront fçavans dans la Science des Proportions & du rapport des Nombres avec les Sons,
apres que nous l'avons renduë fi facile que la feule
lecture de cét Ecrit fuffit pour leur en procurer l'avantage.

Apres les Extraits, nous enfeignerons ce que n'a pas
fait Vitruve, le moyen de changer les Proportions felon
l'étenduë des lieux plus grands ou moindres, & nous
croirons avoir ainfi fatisfait pleinement à ce que nous
avons promis, pour l'entiere perfection de cét Art.

EXTRAITS DE VITRUVE
touchant les Proportions des Bâtimens, par rapport aux Proportions de la Mufique.

Des Proportions des Bâtimens par rapport à celles du Corps humain.

VITRUVE.

Liv.3.Ch.1. „POur bien ordonner un Edifice, il faut avoir égard
„à la Proportion qui eft une chofe que les Archi-
„tectes doivent fur tout obferver exactement. Or la
„Proportion dépend du Rapport que les Grecs appel-
„lent Analogie. Ce Rapport eft la Convenance de me-
„fure (*Commodulatio*) qui fe trouve entre une certaine
„partie de membres, & le refte de tout le corps de l'ou-
„vrage, par laquelle toutes les Proportions font reglées.
„Car jamais un Bastiment ne pourra
„estre bien compose' s'il n'a cette
„Proportion et ce Rapport, & fi toutes
„fes parties ne font à l'égard les unes des autres, ce
„que celles du corps d'un homme bien formé font,
Nombres „étant comparées enfemble.
Harmoniques. „Le corps humain a naturellement & ordinairement
1, à 10. „cette Proportion que le vifage qui comprend l'efpace
„qu'il y a du menton jufqu'au haut du front où eft la ra-
„cine des cheveux, en eft la dixiéme partie : la mefme
„longueur eft depuis le ply du poignet jufqu'à l'extre-
„mité du doigt qui eft au milieu de la main. Toute la
„tefte qui comprend ce qui eft depuis le menton juf-
„qu'au fommet, eft la huitiéme partie de tout le corps :
„la même mefure eft depuis l'extremité inferieure du
8, 6. „col par derrere. Il y a depuis le haut de la poitrine
„jufqu'à la racine des cheveux une fixiéme partie, &
jufqu'au

,, jufqu'au fommet une quatriéme : La troifiéme partie
,, du vifage eft depuis le haut du menton jufqu'au deſſous   4,3.
,, du nez; il y en a autant depuis le deſſous du nez juf-
,, qu'aux fourcils , & autant encore de là jufqu'à la raci-
,, ne des cheveux qui termine le front : Le pied a la
,, fixiéme partie de la hauteur de tout le corps ; le cou
,, de la quatriéme , de même que la poitrine. Les autres
,, parties ont chacune leurs mefures , & proportions fur
,, lefquelles les excellens Peintres , & Sculpteurs de l'an-
,, tiquité qu'on eftime tant, fe font toûjours reglez : Et
,, il faut auffi que les parties qui compofent un Temple
,, ayent chacune une correfpondance convenable avec
,, le tout. Le centre du corps eft naturellement au nom-
,, bril, (qui le partage ainfi en deux moitiez égales.) Si   1 à 2.
,, donc la Nature a tellement compofé le Corps de l'hom-
,, me que chaque membre a une proportion avec le tout,
,, ce n'eft pas fans raifon que les Anciens ont voulu que
,, dans leurs Oüvrages ce même rapport des parties avec
,, le tout, fe rencontrât exactement obfervé. Mais en-
,, tre tous les Ouvrages dont ils ont reglé les mefures , ils
,, ont principalement eu foin des Temples des Dieux,
,, dans lefquels ce qu'il y a de bien ou de mal fait, eft ex-
,, pofé au jugement de toute l'Eternité

APPLICATION.

LEs Proportions du Corps humain, & qui doivent
eftre celles des grands Edifices, font dans ces nombres 1, 2, 3, 4, 6, 8, 10, qui font en Mufique ces har-
monies, ou fons : Vt, $Vt\,2$, $Sol\,2$, $Vt\,3$, $Sol\,3$, $Vt\,4$, $Mi\,4$;
C'eft à dire, l'Octave exprimée par l'Vt fecond; la double
Quinte exprimée par Sol fecond ; la 15, ou double Octave, Vt troifiéme ; la triple Quinte, Sol troifiéme ; la triple
Octave, ou 22, Vt quatriéme ; la 24 majeure ou Tierce majeure par deſſus la triple Octave, Mi quatriéme.
Ce qui eftant chanté enfemble rend toutes les harmonies de la Mufique en même temps, comme un bâtiment
conftruit dans ces Proportions reprefenteroit à la veuë
en même temps tous les agréemens qu'elle peut defirer.

E

DE LA PROPORTION DES

Temples , Places publiques , Basili-
ques, Hostel de Ville, Theatres, Bains,
Maisons des particuliers , Vestibu-
les, Aîles ou Galleries, Cabinets, Sal-
les à manger, tant des Romains , que des
Grecs.

VITRVUE.

Lɪᴠ.3.Cʜ.ɪ. ,, LA Proportion d'un *TEMPLE* doit estre telle que la
2 à 1. ,, largeur soit la moitié de sa longueur, & que le de-
,, dans du Temple comprenant la muraille où est la por-
5 à 4. ,, te, soit plus long d'une quatriéme partie qu'il n'est
,, large.

Lɪᴠ.5.Cʜ.ɪ. ,, La grandeur des *PLACES PVBLIQVES* doit
,, estre proportionnée au nombre du peuple. La largeur
3 à 2. ,, doit estre telle, qu'ayant divisé la longueur en trois par-
,, ties, on luy en donne deux; car par ce moyen la for-
,, me en estant longue, cette disposition donnera plus de
,, commodité pour les spectacles.

,, Les *BASILIQVES* ou Palais, pour la Justice &
,, autres affaires, qui sont dans les Places Publiques, doi-
1 à 3. ,, vent avoir leur largeur de la troisiéme partie de leur
,, longueur ou de la moitié tout au plus, si ce n'est que
2 à 3. ,, le lieu ne permette pas d'observer cette Proportion.
,, Car s'il y a beaucoup d'espace en longueur, on fera de
,, grandes Chambres ou Bureaux aux deux bouts, comme
,, on voit en la Basilique Julienne d'Aquilius.

,, La hauteur des Colonnes des Basiliques sera égale à
,, la largeur des Portiques, ou aîsles à costé de la grande
,, voute du milieu, & cette largeur sera la troisiéme partie
,, de l'espace du milieu. Les Colonnes d'enhaut doivent
,, estre plus petites que celles d'en-bas.

,, Les Basiliques sont capables de toute la majesté & de

,, toute la beauté de l'Architecture ; J'en ay fait bâtir une
,, en la Colonie Julienne de Faro, où j'ay observé les pro-
,, portions qui suivent. La voute du milieu est longue de
,, six vingt pieds & large de soixante. Les Portiques, ou   12, 6.
,, aîles, qui sont au côté dela grande voute entre les murs
,, & les colomnes, ont vingt pieds de largeur. Les Colom-   2, 5.
,, nes avec les Chapiteaux ont toutes cinquante pieds
,, de hauteur & cinq de diametre, elles ont derriere elles
,, des pilastres de vingt pieds de haut, larges de deux pieds
,, & demy, & épais d'un pied & demy, pour soûtenir les
,, poutres qui portent les planchers des Portiques. Il y a
,, aussi dans le Temple d'Auguste, qui est placé au milieu
,, de la face de la Basilique, qui regarde le milieu de la
,, Place publique & le Temple de Jupiter, un Tribunal
,, en demy cercle, qui n'est pourtant pas entier, parceque
,, le demy cercle qui a de front quarante cinq pieds n'en   3 à 1.
,, a de profondeur que quinze, afin que les gens qui sont
,, dans la Basilique pour trafiquer, n'incommodent point
,, les Plaideurs qui sont devant les Juges.

,, Le Tresor public, la Prison , & *L'HOSTEL DE*   *Chap.* 2.
,, *VILLE* , doivent estre sur la Place , en telle sorte
,, que leur grandeur soit proportionnée à celle de la Pla-
,, ce ; sur tout il faut avoir égard à l'Hôtel de Ville, & fai-
,, re qu'il soit proportionné à la dignité de la Ville. Sa
,, proportion doit estre telle, que s'il est quarré, il soit plus
,, haut de la moitié qu'il n'est large, que s'il est plus long   2 à 1.
,, que large , il faut assembler la longueur & la largeur,   2, 3, 4.
,, & prendre la moitié du tour pour la hauteur au des-
,, sous du plancher : il faut que les murs en dedans ayent
,, tout autour, à la moitié de la hauteur, une corniche
,, de menuiserie ou de stuc. Car autrement la voix de
,, ceux qui parlent avec action dans ces lieux , s'eleveroit
,, si haut qu'elle se perdroit ; ce que la corniche empê-
,, che : car elle ne permet pas à la voix de s'élever & de
,, se dissiper en l'air , mais elle la renvoye aux oreil-
,, les.

,, Les fondemens des *THEATRES* posez, on éle-   *Chap.* 3.
,, vera les degrez qui seront bastis de marbre, ou de pier-
,, re. Les Palliers en forme de ceinture , doivent estre
,, faits selon la proportion que l'on donne à tous les Thea-

,, tres ; afin qu'ils ayent une hauteur convenable à leur
,, largeur : parce que s'ils estoient trop relevez ils rejet-
,, teroient la voix en haut, & empêcheroient qu'elle ne
,, pût frapper les oreilles, & se faire entendre distincte-
,, ment à ceux qui sont assis au dessus des Palliers: &
,, ainsi il faut que les degrez soient tellement disposez,
,, qu'une ligne estant conduite depuis le bas jusqu'au
,, haut, elle touche les angles de tous les degrez, afin que
,, la voix qui fait des cercles en l'air comme une pierre
,, jettée dans un étang, ne soit point empêchée, & que
,, ses cercles ne soient point confus. C'est pourquoy les
,, anciens Architectes ayant examiné la nature de la voix,
,, & considerant comme elle s'eleve en l'air par degrez,
,, ont reglé au juste l'élevation que les degrez du Thea-
,, tre doivent avoir ; & suivant la proportion Canonique
,, des Mathematiciens, & la Proportion Musicale, ils
,, ont tâché de faire que tout ce qui seroit prononcé
,, dans la Scene fût entendu clairement & distincte-
,, ment des spectateurs. Car comme les Anciens ont me-
,, suré les instrumens de Musique, & ont marqué sur
,, des lames de cuivre ou de corne les intervalles des
,, Dieses, (ou moindres intervalles de la Musique,)
,, afin que les sons que rendroient les cordes fussent
,, justes: ainsi par le moyen de la Science Harmonique
,, ils ont étably certaines Proportions pour aider à faire
,, entendre la voix dans les Theatres.

Et le reste qu'on peut voir en sa source.

Chap. 10.
1 à 3.
,, La grandeur des Bains publics doit estre proportion-
,, née au nombre du peuple; mais leur proportion doit
,, estre telle qu'il leur faut de largeur un tiers moins que
,, de longueur, sans comprendre le Reposoir qui est au-
,, tour du Bain, & le Coridor.

Liv. 6. Ch. 2.
,, Le plus grand soin qu'un Architecte doit avoir, c'est
,, de proportionner tout son Edifice avec toutes les par-
,, ties qui le composent; & il n'y a rien qui fasse tant pa-
,, roistre son esprit que lors que sans se departir des re-
,, gles generales qui sont établies pour la Proportion, il
,, peut oster, ou ajoûter quelque chose selon que la ne-
,, cessité de l'usage & la nature du lieu le demandent,
,, sans que l'on y puisse rien trouver à redire, où que la

veuë

,,veuë en soit offensée : car les objets paroissent autre-
,,ment quand nous les pouvons toucher, que quand ils
,,sont élevez en haut; & ce qui est dans un lieu enfor-
,,mé a tout un autre effet que quand il est à découvert.
,,Or en ces choses, il faut un grand jugement pour bien
,,reüssir, d'autant que la veuë n'est pas toûjours certai-
,,ne, & que son jugement nous trompe souvent, com-
,,me on éprouve dans la peinture, où des Colonnes,
,,des Mutules, & des Statuës paroissent saillantes &
,,avancées hors le tableau que l'on sçait estre plat. Les
,,choses étant ainsi, je ne croy pas que l'on doive dou-
,,ter qu'il ne soit necessaire d'ajoûter, ou de diminuer en
,,changeant les Proportions, quand la nature des lieux
,,le demande, pourveu que l'on ne touche point aux
,,choses essentielles : Et c'est à cela que l'esprit & la
,,doctrine sont fort necessaires. Il faut donc en pre-
,,mier lieu établir une Regle de la Proportion, afin de
,,voir precisément de combien on s'en peut departir:
,,ensuitte il faut tracer un plan du bâtiment que l'on
,,entreprend qui contienne les longueurs, & les largeurs,
,,dont on prend toutes les Proportions *QVI PRO-*
,,*DVISENT CETTE BEAVTE' D'ASPECT*
,,qu'en voyant un Edifice, on s'apperçoit aisément
,,qu'on y a bien observé l'Eurythmie, ou cét *AIR*
,,*CHARMANT* dont je pourray parler maintenant,
,,enseignant par quel moyen on y peut parvenir.

,,Il y a trois sortes de *VESTIBVLES* selon la dif- *Chap. 4.*
,,ferente Proportion de leur longueur, & de leur lar-
,,geur. La premiere espece est, quand ayant divisé la
,,longueur des Vestibules en cinq parties, on en donne
,,trois à la largeur. La seconde, lors que l'ayant divisé en *3 à 5.*
,,trois on en donne deux à la largeur: Et la troisiéme, lors *2 à 3.*
,,qu'ayant fait un quarré equilateral, dont un costé fait
,,la largeur du Vestibule, on prend la diagonale de ce *3 à 4.*
,,quarré pour la longueur. La hauteur est moindre que la
,,longueur de la quatriéme partie, à prendre au dessous
,,des poutres, & sans comprendre le reste de la hauteur *4 à 5.*
,,qui vient de l'enfoncement des Plafonds des planchers,
,,où il y a des cavitez qui les font élever au dessus des
,,poutres; la hauteur de cét enfoncement se peut faire à
,,discretion.

G

„ Les *AILES*, que l'on fait à droit & à gauche, doi-
„ vent avoir la troifiéme partie de la longueur du Ve-
1 à 3. „ ftibule, s'il eft de trente à quarante pieds : mais fi la lon-
„ gueur eft de quarante à cinquante pieds, elle fera di-
„ vifée en trois parties & demie, dont une fera pour les
1 à 4. „ Aîles; ou fi elle eft de cinquante à foixante, les Aîles
„ en auront la quatriéme partie : Si elle eft de foixante à
„ quatre-vingts, on la divifera en quatre & demie, &
„ on en donnera une à la longueur des Aîles : Enfin, fi la
„ longueur eft de quatrevingts à cent pieds, la cinquié-
„ me partie fera juftement la largeur des Aîles. Les Ar-
1 à 5. „ chitraves des Aîles doivent eftre mis affez jufte pour
„ faire que les hauteurs foient égales aux largeurs.

1, à 1.
2 à 3.
„ Il faut donner aux Cabinets les deux tiers de la largeur
„ du Veftibule, s'il eft de vingt pieds; ou s'il eft de tren-
„ te à quarante, on ne luy en donnera que la moitié; &
1 à 2. „ s'il eft de quarante à cinquante, on divifera cette lar-
2 à 5. „ geur en cinq, dont on en donnera deux aux Cabinets :
„ car les petits Veftibules ne doivent pas fournir les mê-
„ mes Proportions que les grands; parce que fi on fui-
„ voit les Proportions des grands Veftibules dans les pe-
„ tits, les Cabinets & les Aîles des Veftibules ne fe-
„ roient d'aucun ufage : Et fi au contraire on fe fervoit
„ des Proportions des petits Veftibules pour les grands,
„ les Aîles & les Cabinets feroient trop vaftes. C'eft
„ pourquoy je croy qu'en general on doit regler les gran-
„ deurs des bâtimens par la commodité que leur ufage
„ demande, & par ce que la veuë peut fouffrir fans eftre
„ offenfée.

„ La hauteur du Cabinet doit fous poutre eftre pareil-
„ le à fa largeur, à laquelle on aura ajoûté la huitiéme
„ partie. L'enfoncement des Plafonds du plancher doit
„ ajoûter à cete hauteur la fixiéme partie de la largeur.
„ La grande entrée des plus petits Veftibules fera des
„ deux tiers de la largeur du Cabinet; & aux grands, elle
„ fera de la moitié.

„ La hauteur des Images avec leurs ornemens fera pro-
„ portionnée à la largeur des Aîles. La largeur des portes
„ fera proportionnée à leur hauteur felon les regles de
„ l'Ordre Dorique fi elles font Doriques, ou felon la
„ proportion de l'Ordre Ionique, fi elles font Ioniques.

„ La même proportion fera obfervée à l'égard de la me-
„ nuiferie des portes , comme il a efté prefcrit au qua-
„ triéme Livre. La largeur de l'ouverture du haut ne doit
„ jamais eftre moindre que du quart, ny plus grande que
„ du tiers de la largeur du Veftibule : la longueur doit
„ eftre à proportion & fuivant celle des Veftibules.

„ Les Periftyles doivent eftre plus longs en travers de
„ la troifiéme partie, qu'ils ne font en avant : leurs Co-
„ lonnes feront auffi hautes que les Portiques font lar-
„ ges : les Entrecolonnemens n'auront pas moins que les
„ diametres de trois Colonnes , ny plus que les diame-
„ tres de quatre, fi ce n'eft qu'on veüille faire ces Co-
„ lonnes des Periftyles d'Ordre Dorique, auquel cas il
„ faudra regler leurs Proportions, & celle des Trigly-
„ phes fur ce que que j'ay écrit au quatriéme Li-
„ vre.

„ Les Sales à manger doivent eftre deux fois auffi lon-   *Chap. 5.*
„ gues que larges. A l'égard de la hauteur, c'eft une
„ regle, que pour avoir celle de toutes fortes d'apparte-   *4. à 2.*
„ mens qui font plus longs que larges, il faut affembler
„ leur longueur, & leur largeur, & prendre la moitié de
„ cette fomme pour leur hauteur. Que fi les grandes Sal.   *4, 3, 2.*
„ les, & les Cabinets de Converfation font quarrez ; on
„ ajoûtera la moitié de la largeur pour avoir la hauteur. Les
„ Cabinets de Tableaux de même que ceux de Con-
„ verfation , doivent eftre amples. Les grandes Salles
„ Corinthiennes, & les Tetraftyles, (ou à quatre Colon-
„ nes) & celles que l'on appelle Egyptiennes, doivent
„ avoir pour leur longueur & largeur les Proportions
„ pareilles à celles qui ont efté prefcrites pour les Salles
„ à manger, mais il les faut faire tres-fpacieufes à caufe
„ des Colonnes.

„ On fait encore de grandes Salles d'autres manieres   *Chap. 6.*
„ que celles que l'on voit en Italie, appellées en Grec
„ Cyziennes (du nom de la ville de Cyzique celebre par fes
„ Bâtimens.) On les fait tournées au Septentrion, en forte
„ qu'elles ont veüe le plus fouvent fur les Jardins, &
„ que leurs portes font dans le milieu. Ces Salles doi-
„ vent eftre larges. Elles ont à droit & à gauche des
„ feneftres qui s'ouvrent comme des portes, afin que de
„ la table on puiffe voir dans les Jardins. La hauteur de

,, ces Salles eſt la moitié de la largeur ajoûtée à cette
,, même longueur.
,, Dans toutes ces ſortes d'Edifices, il faut s'accommo-
,, der à la ſituation du lieu ; & ſur tout il faut prendre
,, garde que la hauteur des murs voiſins n'oſte pas le
,, jour ; car cela arrivant à cauſe du peu d'eſpace, ou pour
,, quelque autre raiſon que ce ſoit, il faut augmenter,
,, ou diminuer avec tant d'adreſſe les Proportions que
,, nous avons preſcrittes, que ce que l'on fera ſemble n'a-
,, voir rien qui y ſoit contraire.

APPLICATION.

I Leſt aiſé de faire l'Application de ces meſures aux proportions harmoniques, & de ces proportions aux ſons
de la Muſique, en ſuivant la maniere que nous avons don-
née en la page 7. (où il faut corriger en la 20. ligne le
nombre de 16. qui eſt mis au lieu de 6.) Nous ne nous
arrêterons donc pas davantage ſur le rapport des Nombres avec les Sons & Intervalles de la Muſique, puiſque
nous l'avons fait tres-amplement dans l'Ecrit precedent,
& qu'il n'y a perſonne qui ne puiſſe le faire de luy même,
en demeurant d'accord que Vitruve a ſuivy la Regle des
Proportions Harmoniques en toutes les meſures qu'il a
données, quoy que, comme nous l'avons dit, il ne les ait
pas qualifiées de ce nom. Nous ferons ſeulement icy quel-
ques Remarques pour la pratique de ces Proportions.

La premiere, que nous avons déia indiquée, qu'il n'eſt
pas neceſſaire d'obſerver à la rigueur ces proportions harmoniques, que dans les lieux qui ſe preſentent à meſme
temps à la veuë, par exemple, dans la face d'un bâtiment,
ou meſme dans les parties d'un ſeul êtage; dans les ouvertures d'une meſme Chambre, & dans tous les membres
qui la compoſent, telles que ſont les portes, les feneſtres,
la cheminée & les retranchemens ou Cabinets, en ſorte
que toutes ces parties ayent leurs proportions harmoniques avec la longueur, la largeur & la hauteur de la
Chambre; ſans qu'on ſe doive mettre en peine de la
proportion qui ſera dans une Chambre à coſté, au deſſus
ou au deſſous. Quand les croiſées entieres ou demy croiſées ont des proportions trop éloignées, ſuivant la remar-
qu

que de la page 11. on les approchera par le moyen des travers des differentes croix. Ainsi une croisée qui a sa hauteur en proportion triple ou quadruple avec sa largeur, de
4 ou de 3 à 12, pourra avoir un travers en proportion ses-
quialtere, un autre en proportion sesquitierce, sesquiquar-
te, & sesquiquinte ou autres harmoniques, comme 4, 6,
8, 10, 12, ou simplement 4, 8, 12, ou 3, 6, 9, 12. La seconde Remarque est, que nous avons mis les proportions données par Vitruve en leurs moindres termes, par exemple,
la proportion double d'1 à 2; qui peuvent estre neanmoins
en une infinité de manieres sans changer le genre ny l'espece de la proportion, comme 2 à 4, 3 à 6, 6 à 12, 12 à 24
&c. Nous avons obmis celles qui sont en nombres rom-
pus, ou qui ne sont pas tout-à-fait harmoniques, en fai-
sant toutefois observer que les proportions de cette nature ne regardent pas la mesme piece, ou ne se voyent pas
à mesme temps. Nous n'en avons changé qu'une de 15 à
45 au lieu de 46, qui seroit une faute dans Vitruve, si elle
n'est pas venue de ses Copistes, comme plusieurs autres
dans les nombres que M. Perrault a judicieusement re-
marquées & corrigées. La troisiéme Remarque est sur la
maxime generale que donne Vitruve pour regler les hauteurs des appartemens sur la moitié des longueurs & largeurs adioûtées ensemble, pour lesquelles nous avons mis
les trois nombres 2, 3, 4; sçavoir 4, pour designer la
longeur, 2 pour la largeur, & 3 qui est la moitié de 6
composé de 2 & de 4 adioûtez ensemble, pour designer la
hauteur. De maniere que si une Chambre ou Salle, par
exemple, a 4 thoises de long, 2 de large, elle en devra a-
voir 3 de haut. Ce sont, dit-il, les mesures des lieux qui
sont plus longs que larges. Mais ceux qui sont quarrez,
c'est à dire, dont la largeur est égale à la longueur, on ad-
ioûtera, dit-il, la moitié de la largeur pour avoir la hauteur. Ainsi une Salle qui seroit longue & large de 4 thoises, seroit haute de 6, ce qui ne se doit entendre que des
Chambres ou Salles voutées: Car il suffit pour une Chambre à plancher qu'elle soit quarrée sous poutre en tout
sens, à moins qu'elle ne fut extremement vaste. C'est icy
où nous croyons qu'il faut user de l'adresse que vient de
recommander nostre Auteur, de changer les Proportions
suivant les lieux, & pour cela nous allons parler

H

DV CHANGEMENT DES PROPORTIONS.

IL y a de trois fortes de Changement de Proportions, changement de nombres ou grandeurs dans le mefme genre de Proportion : changement de genre, & changement d'efpece. Nous fuppofons icy que tout le monde fçait qu'il y a cinq genres de Proportion, furparticulier, furpatient-multiple, multiple-furparticulier, & multiple-furpatient, & que chaque genre contient une infinité d'efpeces. Le changement de nombres dans le mefme genre de Proportion, arrive quand au lieu de grands nombres ou de moindres, on en met de moindres ou de plus grands, dans la mefme proportion. Par exemple, ayant pris dans la proportion double le nombre 9, & mis enfuite 18, 36, 72, &c. Si j'en veux de moindres, je mettray 8, 16, 32, 64, &c. ou 7, 14, 28, 56, &c. ou 6, 12, 24, 48, &c. Ou fi l'on en veut prendre de plus grands on les changera de mefme, fans changer le genre de proportion, par exemple, 10, 20, 40, 80, &c. qui font tous dans la proportion multiple double. Le changement de genre, eft lorfqu'au lieu d'une proportion multiple, comme eft la double, on en prend dans un autre genre, comme feroit par exemple, dans le genre furparticulier. Et comme le genre furparticulier dans la fuite ne feroit plus harmonique ; par exemple, dans la premiere efpece furparticuliere 4, 6, & 9, quoy que les deux premiers nombres 4 & 6, foient harmoniques, faifant enfemble la quinte, 6 & 9 auffi, neanmoins 9 n'eft pas harmonique à l'égard de 4, puifqu'il fait la neuviéme contre luy, qui eft une diffonance en Mufique, cela oblige de faire le Troifiéme changement qui eft celuy de l'efpece, en paffant par exemple, de la fefquialtere à la fefquitierce & mettant 4, 6, 8. On peut croire que Vitruve a entendu parler du premier & dernier changement qui eft d'allonger ou de racourcir les mefures & les rendre agreables à la veuë & proportionnées aux lieux. Et quand il y a peu de grandeurs à obferver, le premier changement peut fuffire, pourveu qu'il foit en la porportion double, qui eft la feule harmonique que gardent les Architectes d'aujourd'huy.

Mais s'il y a beaucoup de grandeurs, on fait un mélange

de differens genres & efpeces de proportions harmoniques, qu'on peut encore diminuer ou augmenter fuivant
l'efpace des lieux plus petit ou plus grand.

E X E M P L E.

SI l'on veut faire une Porte magnifique accompagnée
de deux autres portes moyennes, ou un Arc de Triomphe qui ait trois ouvertures, une grande & deux moyennes, & que tout l'ouvrage conferve en toutes fes parties
les proportions harmoniques, on le pourra faire en une
infinité de manieres par les differens changemens des
proportions, fans neanmoins fe départir des regles que
nous avons posées pour l'harmonie. Nous ne parlons que
des mefures fans avoir aucun égard aux ornemens qui
peuvent aufli varier en beaucoup de manieres & que nous
pretendons de mefme devoir eftre difpofez harmoniquement. Voicy une maniere. Nous prenons pour noftre plus
petite mefure le nombre 9, qui fera par exemple de 9
pieds, que nous donnons à la largeur des deux extremitez
du maffif jufqu'à chacune des deux ouvertures moyennes.
Chaque ouverture ou porte moyenne aura 18 pieds de large & 36 de haut. Les deux efpaces de maffif qui feront de
chaque cofté entre les portes moyennes & la grande Ouverture, auront chacun 13 pieds & demy. La grande Ouverture aura 27 pieds de large & 54 de haut. On pourra
difpofer les diftances au deffus du grand Arc pour placer
les ornemens dans ces proportions depuis 54 jufqu'à 72,
& delà monter jufqu'à 90 & finir au 108 pied, qui eft la
hauteur égale à la largeur. Ces nombres 9, 13 & demy, 18,
27, 36, 54, 72, 90, 108, eftant reduis à leurs moindres
termes, 2, 3, 4, 6, 8, 12, 16, 20, 24, font en Mufique
ces Harmonies ou Confonances, vt, fol, vt, $^2 fol^2$, vt^3,
fol^3, vt^4, mi^4, fol^4, & doivent faire à la veuë un agree-
ment pareil à celuy que reçoit l'oreille les entendant toutes enfemble. Si l'on les veut diminuer en confervant la
mefme proportion & les mefmes harmonies, on le fera en
defcendant par degrez tant qu'on voudra, comme 8, 12,
16, &c, ou 6, 9, 12, &c. Ou fi l'on les veut augmenter,
on mettra 10, 15, 20 &c. felon la grandeur du lieu ou l'on
aura deffein de dreffer l'Ouvrage.

Ce changement de Nombres qui conserve les mesmes proportions, n'est pas proprement un changement. Voicy donc une autre maniere ou changement de genre & d'espece qui change la disposition des parties les unes aux autres, en conservant neanmoins toûjours son harmonie.

Si l'on veut que le massif des deux extremitez & des espaces du milieu soit plus fort & capable de recevoir des ornemens ou colomnes, on donnera à chaque extremité 20 ou 24 pieds si 16 ne suffisent pas, & à chaque espace moyen 24 pieds. Chaque ouverture moyenne aura 16 pieds de large & 32 de haut, la grande en aura 32 de large & 64 de haut : puis au dessus de 64 il y aura des distances proportionnées 80, 96, & si l'on veut 128. Ce qui fera ces proportions 2, 3, 4, 8, 10, 12, 16, & ces harmonies vt, sol, vt^2, vt^3, $mi3$, $sol3$, vt^4.

Ces Regles estant infaillibles & fondées sur l'analogie de nos deux plus nobles Sens, en qui nostre Ame desire la mesme proportion, nous croyons qu'elles seront receües & pratiquées par les Architectes, qui n'y avoient pas fait reflexion ; Qu'ils reconnoîtront qu'il n'y avoit que ce moyen qui pût donner à leur Art des Principes certains & incontestables, & qu'il n'y aura plus de veritable Architecture si elle n'est Harmonique.

EXTRAIT DV PRIVILEGE DV ROY.

PAR Grace & Privilege du Roy en datte du 4. de Mars 1677. Signé Boctois: Il est permis au Sieur RENE' OUVRARD, de faire imprimer & vendre un Ouvrage de Musique en françois & en latin, avec plusieurs Traitez de Physique, Mathematique & autres matieres qui regardent cette Science, pendant 20. années consecutives. Et défenses à tous Imprimeurs ou Libraires d'imprimer & vendre ledit Livre ou partie d'iceluy aux peines portées par ledit Privilege.

Registré sur le Livre de la Communauté des Marchands Libraires Imprimeurs à Paris le 2. Mars, 1677. Signé THIERRY, *Scindic.*

* 9 7 8 2 3 2 9 6 5 8 3 6 0 *